Ik ben
I am
Amsterdam

Thomas Schlijper

Colofon
Colophon

Met dank aan | Thank you
Lodewijk Asscher, loco-burgemeester van Amsterdam, en de 'volgers' van Thomas Schlijper voor hun bijdragen. | Lodewijk Asscher, deputy mayor of Amsterdam, and the followers of Thomas Schlijper for their contributions. Nel de Jager, Albelli, Dolf Pereboom, Kathleen Shordt, winkeliers | shop owners Haarlemmerbuurt.

Foto's | Photos Thomas Schlijper

Samenstelling | Composed by Peter de Ruiter

Vormgeving | Art direction Helga Hamstra | Vormbeeld

Uitgave | Published by
PixelPerfect Publications
Bankastraat 107
2585 EK The Hague
The Netherlands
www.pixelperfectpublications.com

Meer informatie | More information www.ikbenamsterdam.com, www.schlijper.nl

© Photos Thomas Schlijper 2012
© Uitgave | Publication PixelPerfect Publications 2012

ISBN 978 94 90848 606
NUR 652

Cover Raadhuisstraat 27/03/12
Achterzijde | Back Rechtbank | Court of Justice 07/07/11
Schutblad voor | Endpaper front Dam 02/03/11
Schutblad achter | Endpaper back Westertoren 10/12/11

Verwacht | Coming soon

Elke dag een lach, Honderd honden op de fiets

Foto's van | photos Thomas Schlijper
Gibbon Uitgeefagentschap, juni 2013
ISBN 978 94 91363 061

Voorwoord
Preface

Toen ik de foto's van Thomas Schlijper voor het eerst zag, wist ik het meteen: daar wil ik een boek mee maken. Als fotograaf herkende ik zijn keuze voor licht, voor beeldhoek en zijn timing. Maar daarmee houdt elke vergelijking op.

Want Thomas Schlijper weet de kijker met een lege straat te fascineren. Hij kan vele keren dezelfde route lopen en toch weer iets anders zien. En hij heeft de drang om Amsterdam en de Amsterdammers vast te leggen, in al hun facetten, op elk moment, voor nu en altijd.

Thomas Schlijper registreert het leven in Amsterdam zoals Jacob Olie en Ed van der Elsken dat eerder deden. Dit boek geeft hem de plaats die hij verdient: chroniqueur van de hoofdstad, documentarist van het dagelijks bestaan.

When I saw Thomas Schlijper's photos for the first time, I immediately wanted to put them in a book. As a photographer myself, I recognized his choice of lighting, angles and his timing. But beyond this, all comparison ends.

For Thomas Schlijper knows how to make an empty street fascinating. He walks the same route dozens of times but sees a different picture each day. And Thomas has the artist's skill and sensitivity to capture Amsterdam and its inhabitants in all their moods and manners, for now and for eternity.

Thomas Schlijper records life in Amsterdam the way Jacob Olie and Ed van der Elsken did before him. This book offers him the showcase he deserves: chronicler of the capital city, biographer of its daily spectacle.

Peter de Ruiter
Publisher

Het Amsterdam van Thomas Schlijper
Amsterdam through the eyes of Thomas Schlijper

Door Peter van Brummelen

Sinds Thomas Schlijper in 1999 van de academie is gekomen, zwerft hij dagelijks vele uren rond in de straten van Amsterdam. De verrassingen die achter elke hoek op hem wachten, legt hij tref- zeker vast: kinderen die patat eten op een omge- vallen paal, de vrolijke buurvrouw van drie straten verderop, een verlaten bouwput of een terloopse wereldster.

Thomas registreert alle facetten van het stads- leven: de haast, de ontspanning, de gekte, het alledaagse, het gevaar, de geborgenheid, de liefde. Zijn keuze van de werkelijkheid laat je beseffen hoe rijk Amsterdam is, aan beelden, aan mensen, aan sfeer. Gewone mensen worden bijzonder en bijzondere mensen worden een deel van het ge- heel. In een gesprek met Peter van Brummelen van het Parool in 2010 geeft Thomas toelichting op zijn werk en zijn werkwijze.

Oh ja hoor, geregeld fotografeert hij in opdracht, vertelt Thomas Schlijper op een terrasje, zijn camera schietklaar voor zich op tafel. Klussen voor het bedrijfsleven leveren veel op natuurlijk, maar het liefst gaat hij zijn eigen gang. "Ik loop door de stad en zie wel wat ik tegenkom. Maak ik foto's met nieuwswaarde, dan zal ik die zeker aanbieden bij kranten, maar ik ga er niet meer naar op zoek. Er zijn ook te veel collega's tegenwoordig, ik kan niet tegen dat ellebogenwerk. En agendajournalis- tiek, evenementen als Sail of de Uitmarkt, doe ik al helemaal niet meer."

Altijd op straat
Thomas Schlijper (Maastricht, 1975) publiceert in de meest uiteenlopende kranten (waaronder Het Parool) en tijdschriften, maar zijn voornaamste podium is zijn eigen website schlijper.nl, waarop hij elke dag een foto plaatst. Zo af en toe is zo'n foto ergens anders gemaakt, maar de meeste zijn geno- men in Amsterdam. En dan vrijwel altijd op straat.

Ever since Thomas Schlijper finished art school in 1999, he has been roaming the streets of Amsterdam on a daily basis. Looking for images. He candidly captures the surprising scenes that await him around every corner: children eating French fries on a broken traffic sign, the cheerful girl next door, an abandoned building site or a casual celebrity.

Thomas catches all registers of urban life: speed, easiness, madness, normality, danger, security, love. His vision of reality shows us the wealth of images that Amsterdam breathes. Ordinary people stand out and exceptional people are absorbed in his compositions. Talking to Peter van Brummelen of Amsterdam-based newspaper Het Parool, Thomas Schlijper (Maastricht, 1975) sheds some light on his work and his methods.

As Thomas explained during the interview at one of Amsterdams many roadside cafés - while keeping his loaded camera within reach - he is also hired for commercial photography. It pays well. But to be honest, Thomas would rather find his own way. "I just take a walk and see what happens. When I run into a newsworthy situation, I try to sell the photo to a newspaper. But I am not chasing the news. So many colleagues are on this track cur- rently. I don't like fighting for the right spot any- more. I also stay away from set events as much as possible."

In the street
Thomas Schlijper's photos are published by a wide array of newspapers and magazines, but his main point of focus has been and will be schlijper.nl. Each day, his current view of the capital of the Netherlands can be seen here. He also publishes pictures of other places when he travels, but most photos on the website are taken in Amsterdam, and usually on the street.

Sometimes something happens in his pictures, but often there is no activity at all. Schlijper not only has an eye for the uniqueness of Amsterdam; more often his pictures document the ordinary in the city and its people. Subjects that are ignored by other photographers are nursed by Thomas. His pictures are fascinating today, but will be of even greater value tomorrow. Anyone who wants to know what Amsterdam looked like early 21st century, will find a friend in Thomas Schlijper.

At the time of writing (September 2010) the counter of schlijper.nl points at 9.278. But this is only a fraction of the number of pictures that Thomas has shot over the past ten years. "My archive now holds 59.000 photos, all optimized and annotated. But this is probably only ten percent of all the images I have shot."

As with all he says, Thomas fires his words rapidly. The writer of this article set out to reflect critically on Thomas' eagerness to document all and everything that goes on in Amsterdam. But this proved unnecessary, as the photographer provided the explanation himself. "Within a short period in my childhood suddenly several people died around me. First a cousin of my age perished in an accident. Then grandparents, teachers and aunts passed away. I started to realize that there is an end to everything. In an attempt to defend myself against the fleeting character of life, I began to keep a diary. I completed sixty notebooks full of precise writing about what happened to me. Later, text was replaced by photos. I just had to take a photo each day; good or bad did not matter. It was all for the sake of documenting."

He has landed on earth to take photos, Thomas now knows, but it took a while before he discovered this. "Photography started only after high school. I didn't have the patience for college.

Soms is er echt iets aan de hand op de foto's, maar vaak ook gebeurt er niets. Schlijper fotografeert in Amsterdam niet alleen het unieke, hij legt ook juist het heel gewone vast. Onderwerpen waar de meeste andere fotografen geen oog voor hebben, hebben zijn warme belangstelling. Die foto's zijn nu al interessant, maar zullen in de toekomst alleen maar interessanter worden. Wie straks wil weten hoe Amsterdam er aan het begin van de 21ste eeuw uitzag, heeft aan Schlijper een goede.

Op het moment van schrijven (september 2010) staat op schlijper.nl de teller op 9.278. Die bijna 10.000 foto's zijn nog maar een fractie van wat hij in de tien jaar dat hij nu serieus fotografeert, heeft gemaakt. "Mijn archief van afgewerkte, beschreven foto's is 59.000 beelden groot. En dat is naar schatting tien procent van alle daadwerkelijke geschoten foto's."

Fotografie als dagboek
Zoals alles wat hij zegt, zegt Schlijper het razendsnel. De verslaggever had zich voorgenomen pas aan het einde van het gesprek voorzichtig wat te psychologiseren, maar de fotograaf komt zelf al met een verklaring voor zijn enorme werkdrang: "In mijn puberteit werd ik snel achter elkaar verscheidene malen geconfronteerd met de dood. Eerst verongelukte een neef van mijn eigen leeftijd, toen overleden grootouders, docenten en tantes. Opeens besefte ik dat alles voorbij gaat. Als wapen tegen die vergankelijkheid ben ik een dagboek gaan bijhouden. Heel nauwgezet noteerde ik elke dag iets, wel zestig schriftjes heb ik zo volgeschreven. Later is de fotografie ervoor in de plaats gekomen. Ik móest elke dag een foto maken, het maakte niet uit of het een rotfoto was, als ik maar iets vastlegde."

Hij is op aarde om foto's te maken, weet hij nu, maar het duurde even voor hij daar achterkwam.

"Pas na de middelbare school ben ik gaan foto-
graferen. Voor een universitaire studie had ik het
zitvlees niet. Heel toevallig kwam ik erachter dat
ze aan de kunstacademie de richting fotografische
vormgeving hadden. Op grond van tekeningen
hebben ze me aangenomen; foto's kon ik ze
niet laten zien."

Amsterdam is voor levensgenieters

De eerste foto die hij als kunstacademiestudent
maakte, herinnert hij zich goed. "Met een zelfge-
maakte pinhole-camera, zo'n heel primitief geval
zonder lens, maakte ik een foto op de Oudegracht
in Utrecht en ik was echt verrukt: dit was wat ik
de rest van mijn leven wilde doen. Ik ben er zo
toevallig ingerold dat ik er achteraf bijna van in
paniek kan raken: wat was er van me geworden
als ik me niet bij de academie had aangemeld?"

Na er twee jaar gewoond te hebben, was Utrecht
voor Schlijper 'op'. Amsterdam vond hij interessanter. "Ik voelde me er meteen thuis. Dat zal met
mijn Maastrichtse achtergrond te maken hebben.
Net als in Maastricht wonen in Amsterdam levens-
genieters, mensen die ook weten hoe ze achter-
over moeten leunen."

Amsterdam is voor Schlijper nog lang niet op.
Dagelijks doorkruist hij als fotograaf de stad, soms
in de blauwgrijze Smart die vaak op zijn foto's te
zien is, maar liever wandelend. "Ja, ik ben echt
gek op wandelen, hoe bejaard dat ook mag klin-
ken. Ik sta meestal om een uur of half elf op. En
als ik verder geen afspraken of opdrachten heb,
ga ik op pad. Gewoon lopen door de stad, camera
om mijn nek. Ik zie wel wat ik tegenkom."

Stemming

Wat hij fotografeert, hangt niet alleen af van het
toeval, maar ook van zijn stemming. "Als ik in een
sombere bui ben, fotografeer ik alleen gebouwen.

Instead I went to art school and was admitted
because of my drawings. At that time I didn't
even have any photos to show."

Amsterdam is joie de vivre

Thomas remembers well which photos he took
first. "I used my hand-made pinhole camera: an
empty box with no lens. I took a photo of the
Oudegracht in Utrecht and I was full of it! This
was what I wanted to do the rest of my life.
Because I had more or less accidently discovered
photography as a subject at art school, I sort of
panicked. What would have become of me if I
had not found this school?"

After living in Utrecht for two years, the city didn't
provide more surprises or inspiration for Thomas.
He moved to Amsterdam and instantly felt at
home. "This must be connected to my hometown
Maastricht, which is also a city of *joie de vivre*.
People of both towns know how to enjoy life."

There is no end to Amsterdam for Schlijper. Each
day he roams the streets, sometimes he rides his
blue/grey Smart car, but he would rather walk.
"Yes, I'm really fond of walking, although I realize
it might sound old fashioned. I usually get up at
10.30 AM and if I don't have any appointments,
I just take off: strolling about, camera at hand,
seeing what happens."

Moods

Thomas' subjects not only depend on what he
encounters. They are also related to his moods.
"When I'm not in high spirits, I only shoot
buildings. If I feel better, I also take pictures of
animals. And when I really feel up to it, I am
ready to be confronted with people."
Why does Thomas only shoot outside? He does
take pictures of the exterior of cafés, but he
never goes in. "What am I supposed to do there?

I don't drink, I don't smoke and I'm deaf on one side. For a photographer there is nothing much to get. Night life is merely superficial. People dress up and they start to pose when they see my camera. I hate it. Please put me back in the street!"

In his love of street life, Thomas' work reminds us of Ed van der Elsken, a Dutch photographer who became famous in the fifties and sixties. Does he feel related? "Saying yes would be quite pretentious, no? I like his work, so what else can I say?" For the first time Thomas is silent, though only for a short moment. "My best friend also happens to be a photographer. But in general I am unfamiliar with other photographers in this world. Well, I know of Anton Corbijn and Erwin Olaf [noted Dutch photographers]. But I would not buy any of their books or visit an exhibition. I'm just not so much into photography."

These words come from a photographer who has made 600.000 photos in ten years time. "OK, I'm out there all day taking pictures. But what really interests me is the subject: Amsterdam, its inhabitants, the buildings. Photography is not my goal. It's an instrument. People don't read Het Parool because they are interested in newspapers. They read Het Parool because they are interested in Amsterdam."

Voel ik me iets beter, dan doe ik beessies. En als ik echt goed in mijn vel zit, kan ik de confrontatie met de mens aan."

Waarom blijft hij als fotograaf altijd op straat? Van café's fotografeert hij wel de buitenkant, maar naar binnen gaat hij niet. "Wat moet ik er? Ik drink niet, ik rook niet en ben ook nog eens aan één oor doof. En als fotograaf valt er voor mij niet veel te halen. Ik houd van het echte leven. Het uitgaansleven heeft vaak iets neps. Mensen dossen zich uit, gaan ook meteen poseren als ze een camera zien. Vind ik niks. Geef mij maar de straat."

Ed van der Elsken
In die voorliefde voor het straatleven doet Schlijpers werk soms denken aan dat van Ed van der Elsken. Voelt hij zelf een verwantschap? "Hoe komt het over als ik daar ja op antwoord: nogal ijdel toch? Ik vind het wel mooi wat hij maakte, wat moet ik er meer over zeggen?"

Voor de eerste keer valt de woordenstroom stil, heel even maar. "Mijn beste vriend is toevallig ook fotograaf, maar verder ken ik nauwelijks iemand in die wereld. Ja, ik weet wie Anton Corbijn en Erwin Olaf zijn, maar ik zou niet snel een boek van ze kopen of naar een tentoonstelling van ze gaan. Ik ben helemaal niet zo bezig met fotografie."

En dat zegt iemand die de afgelopen tien jaar bijna 600.000 foto's heeft gemaakt. "Ja, ik loop de hele dag foto's te maken. Maar wat me echt interesseert, is het onderwerp van die foto's: de stad Amsterdam, de bewoners, de gebouwen, het verkeer... Fotografie is voor mij geen doel, het is een middel. Mensen lezen Het Parool toch ook niet omdat ze zo in kranten zijn geïnteresseerd? Ze lezen Het Parool omdat ze in Amsterdam zijn geïnteresseerd."

"Ik ben een Schlijperfan. Thomas Schlijper is de ware stadsfotograaf. Met zijn frisse en onafhankelijke blik op het theater van alledag en zijn grote liefde voor de straat verschijnen dagelijks cadeautjes op schlijper.nl. Door de vele quasitoevallige foto's geeft Schlijper ook een heel mooi tijdsbeeld van het moderne Amsterdam."

Lodewijk Asscher, loco-burgemeester van Amsterdam

"I am a Schlijper fan. Thomas Schlijper is the ultimate urban photographer. Thanks to his fresh and independent view of the daily theatre of life and his immense love for the street he hands out presents in high frequency. His semi-accidental photos create a striking image of Amsterdam today."

Lodewijk Asscher, deputy mayor of Amsterdam

Leidsestraat 24|02|03

"De foto's van Thomas Schlijper zijn recht-toe-recht-aan. Ze hebben geen modieuze of artistieke gelaagdheid, maar het is alsof je zelf door de lens naar Amsterdam en de Amsterdammers kijkt. Je zou het zelf ook zo willen vastleggen. Maar als ik het doe worden het kiekjes. Thomas maakt iconen."

"Thomas' pictures are straightforward. They are not artistically composed or made-up. It's like watching Amsterdam and its people through the lens. I wish I could do it the way he does, but all I can do is take snapshots. Thomas creates icons."

Leo van der Meer, Amsterdam

Keizersgracht 03|04|12

Eenhoornsluis 06|05|12

17

Brouwersgracht 20|01|11

Brouwersgracht 12|02|12

Herengracht 01|09|06

"Dankzij de foto's van Thomas Schlijper reis ik elke dag virtueel 3300 kilometer naar Amsterdam en kom ik elke dag weer even thuis. Onbetaalbaar!"

"Thanks to Thomas I travel 3300 kilometer each day to Amsterdam to be Dutch again for a few moments. Nothing can beat that!"

Franck Velge, Tel Aviv

Oudezijds Voorburgwal 06|06|12

Nieuwe Spaarpotsteeg 10|11|11

Haarlemmerplein 10|07|11

Haarlemmersluis en | and Nieuwendijk 06|08|12 - 23|03|07 - 02|07|12

Haarlemmerdijk 30|08|11

Easy watching

"Ik noem de foto's van Thomas *easy watching*, net zoals er ook *easy listening* is. Ze kijken lekker weg. Er gebeurt van alles en hoe langer je kijkt, hoe meer je ziet. De eerste keer zie je dat stelletje dat elkaar omhelst over het hoofd. Later zie je ook omstanders omkijken en een auto die een fietser net niet omver rijdt. De ogenschijnlijke eenvoud waarin Thomas het dagelijks leven vastlegt bedriegt, want er is niets zo lastig als het juiste moment kiezen. Vooral uit zijn portretten spreekt een liefde en vaardigheid in communicatie met mensen die ik graag ook zou willen bezitten."

Easy watching

"The photos of Thomas Schlijper are 'easy watching', as I call it, just like some music is 'easy listening'. They are a pleasure to look at. Many things are happening and the more you look at them, the more you see. Perhaps the first time one overlooks the hugging couple. But later you discover other people looking over their shoulder and the car that barely avoids crashing into a cyclist. But beware: the apparent simplicity of Thomas' photos is misleading. Taking the right picture at the right moment is not as easy as it looks. His portraits, in particular, radiate love and Thomas' ability to communicate. I would like to have that skill too."

Alex Voorloop, Purmerend

Tonie van Ringelestijn 18|03|06

Ahmed Aboutaleb en | and Lodewijk Asscher 19|12|05

Prinsengracht 20|05|11

Raadhuisstraat 09|05|11

Dam 26|03|12

Benno Kuipers 21|08|02

"Zoals Thomas iedere keer weer een boeiend actiemoment weet te vangen in een stilstaand beeld is werkelijk fenomenaal."

"It is just incredible how Thomas can freeze a moment of sheer action into a still of life."

Ineke Sanders, Sittard

Haarlemmerplein 30|11|06

Kloveniersburgwal 15|07|12

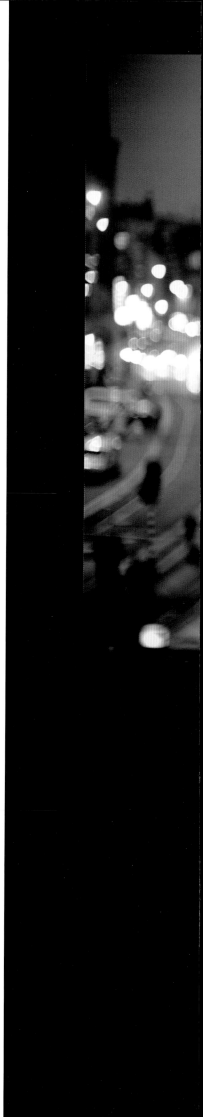

Anton Corbijn 23|02|12

Fred van der Spek (Dutch politician, 1923) 02|06|05

Hans van Mierlo (Dutch politician, 1931-2010) 14|08|06

Dam 22|12|11

Haarlemmerstraat 15|06|11

Kloveniersburgwal, Ontgroening | Initiation 13|09|05

"Thomas slaagt er in het gevoel van de grote stad weer te geven door de details te tonen."

"Thomas knows how to present a big-city feeling by exploring the details."

Chris Kuipers

"Het is niet altijd kunst. Niet altijd kunstig geschoten, maar het is altijd echt. Het leven in Amsterdam met echte mensen, momenten bevroren in de tijd."

Weteringschans 18|02|12

"It isn't always art, it isn't always fancy, but it's always real: real life, real people, frozen in time."

Ferry de Wet, Nijkerk

Raadhuisstraat 22|08|10

Oosterdokseiland 13|09|11

"De Schlijpersite is mijn startpagina. Als ik mijn browser opstart komt er altijd iets moois of treffends tevoorschijn. Vaak zo indrukwekkend, dat ik menig foto meerdere keren bekijk. Waarom? Uit liefde voor Amsterdam, waar Thomas mij steeds weer in laat zwelgen. Uit nostalgie: Kijk, daar liep ik laatst nog. Of : Daar woonde ik! Maar ook: Daar moet ik eens heen! Of gewoon: Wat een leuke mensen. Hoe doet-ie dat toch?"

"Schlijpers homepage is my start-up. When I open my browser always something beautiful appears. The pictures are often so impressive, they need to be looked at several times. Why? For the love of Amsterdam that Thomas pours over me. Out of nostalgia: I walked there just the other day! Or: I used to live there. And also: I have to visit that place some time. Or just: Funny people! How does he do it?"

Rob Nijman, Uithoorn

Muntplein 20|08|11

59

"Behalve den man die de Sarphatistraat de
mooiste plek van Europa vond, heb ik nooit een
wonderlijker kerel gekend dan den uitvreter."

"Except for the man who thought Sarphatistraat
was the most beautiful place in Europe, I've never
met anyone more peculiar than the freeloader."

Nescio, De Uitvreter
Translated by Damion Searls, The Freeloader

Staringplein 25|08|05

Haarlemmerstraat 11|04|12

Prinsengracht, Westerkerk 06|10|07

Keizersgracht 23|06|09

"Het hoogste doel van iedere Amsterdammer zou moeten zijn om minstens eenmaal in zijn leven op te duiken in een foto van Thomas Schlijper. Alleen dan maak je deel uit van de geschiedenis van je stad. De Thomas Schlijper van nu is voor mij de Jacob Olie van toen."

"Everyone from Amsterdam should have a goal in life: to appear in one of Thomas Schlijpers'
pictures. It would make them part of the Amsterdam story. For me, Thomas is the present
day Jacob Olie (1834 - 1905), who pictured the city extensively in his century."

Jan van Drooge, Amsterdam

Museumplein 20|05|10

Bloemgracht 27|04|06

"De foto's van Thomas Schlijper munten uit in hun com-
positie, waardoor de gebouwen, het water en de door-
kijkjes tot hun recht komen. Zo geven ze de schoonheid
van Amsterdam weer, vooral de foto's waar geen mensen
op staan. De foto's waar wel mensen op staan ademen een
opgewekte sfeer van bedrijvigheid. Iedereen is bezig
of gaat ergens naartoe."

"The photos of Thomas Schlijper excel in their composition.
They bring out the best of the buildings, the canals and the
alleyways. He amplifies the beauty of Amsterdam, espe-
cially when no one's around. Pictures with people in them
breathe a cheerful atmosphere of activity. Everybody is do-
ing something or going someplace."

Maja Vervoort, Amsterdam

"In de foto's van Thomas Schlijper komen
op het moment van afdrukken alle verhalen
samen."

"All stories converge at the click of Thomas'
camera button."

Stefan Beukers, Amsterdam

Gaasperplas 15|08|09

Jort Kelder en Doutzen Kroes 03|09|09

Leidseplein 08|01|12

Prinsengracht 25|09|07

Brouwersgracht 01|06|11

Eerste Constantijn Huygensstraat 12|09|11   Koningsplein 26|07|12

Wilhelminastraat 09|06|08

"Thomas is mijn eye-opener voor al het moois dat je bijna niet meer ziet omdat je er middenin woont."

"Thomas opens my eyes for all the beauty one misses when you are too close to it."

Bo Schreurs, Amsterdam

Prinsengracht 14|04|10

Johan Cruyff 26|11|09

Herengracht 06|05|12

Oudezijds Achterburgwal 11|04|12

Zaanstraat 21|06|05

Olieslagerssteeg 16|07|09

Snoop Dog 27|03|07

Will Smith 27|07|04

Overhoeks, Eye Film Institute 26|06|12

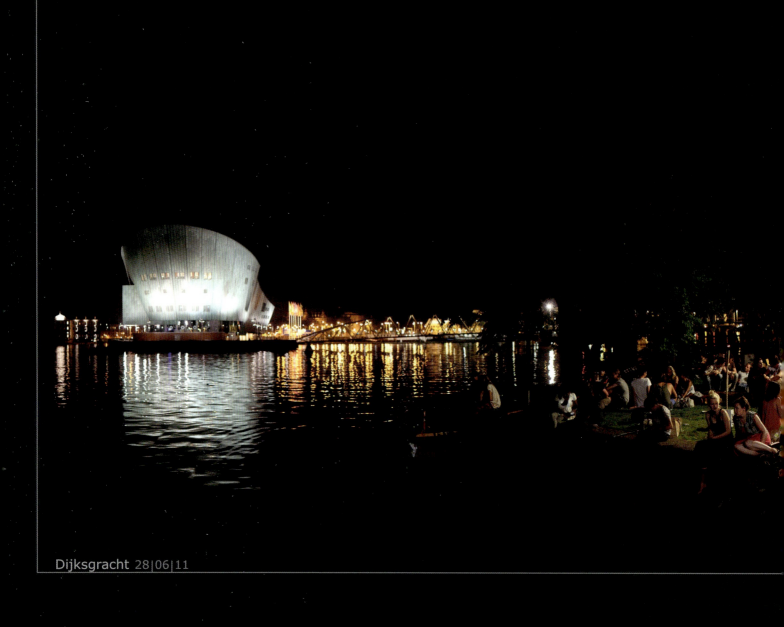

Dijksgracht 28|06|11

Schlijperogen

"Thomas laat Amsterdam en Tel Aviv steeds weer op een andere manier zien. Zo ontdek ik steeds weer nieuwe dingen in mijn twee favoriete steden. Soms probeer ik 'Schlijperogen' op te zetten om ze zelf beter te ervaren."

"Each time Thomas shows Amsterdam and Tel Aviv from a different angle, so I discover new sides of my beloved cities. Sometimes I try to put on 'Schlijper eyes' in order to experience them more fully."

Menno Drost, Amsterdam

Herengracht 24|10|05

Woody Allen, Soon-Yi Previn 21|12|08

Palmgracht 07|09|11

Thomas gunt ons een blik op de schoonheid van het
alledaagse leven dat ons anders zou zijn ontgaan."

"Thomas allows us to see the beauty of everyday life
that we might have missed otherwise."

Joop Matthijsse, Amsterdam

Lindengracht 10|12|11

Lindengracht 11|11|11

Nieuwmarkt 03|02|12

Zeedijk 19|12|10

Dam 28|06|11

Herengracht 19|07|08

"Ed van der Elsken heeft in Thomas Schlijper een waardige opvolger. Ik begin elke dag met zijn foto's en dat geeft een goed gevoel. Ik ben hem een keer tegengekomen en hij bleek nog erg aardig ook. Tja, ik ben eigenlijk een beetje jaloers op hem."

"The famous Dutch photographer Ed van der Elsken (1925 - 1990) has found a worthy successor in Thomas Schlijper. I start each day admiring his pictures. It makes me feel good. I once met him in the street and he proved to be a nice guy. Well, yes, actually I envy him some way."

Gerrit Kramer, Soest

Tweede Egelantiersdwarsstraat 04|03|11

111

Raamsteeg 02|02|11

Marnixstraat 05|08|12

Spuistraat 28|07|06   Heiligeweg 28|07|06

Leidsestraat 05|08|09

Muntplein 28|07|06

"Met het portretteren van Amsterdammers schetst Thomas Schlijper een waarheids-getrouw beeld van de stad. Door zijn gevoel voor licht en kleur zijn de foto's herkenbaar als echte 'Schlijpers'."

"By portraying the people of Amsterdam Thomas Schlijper pictures true images of the town. His use of light and colours makes the photos real 'Schlijpers'.

Prinsengracht 28|06|10

Eenhoornsluis, Gay Pride 04|08|12

Brouwersgracht, Koninginnedag | Queensday 30|04|12

Eenhoornsluis 13|09|12

Marnixstraat 23|08|12

Zeedijk 27|06|12

Meester Visserplein 10|08|12

"Thomas Schlijper legt vast wat er in Amsterdam gebeurt voor het er niet meer is."

"Thomas Schlijper captures in pictures what happens before it's gone."

Pim Bettenhaussen, Amsterdam